Y

Yf 8798

COUP D'ŒIL

SUR LE

THÉATRE FRANÇAIS,

Depuis son Émigration

A LA NOUVELLE SALLE.

Eripitur perfona, manet res. LUCR.

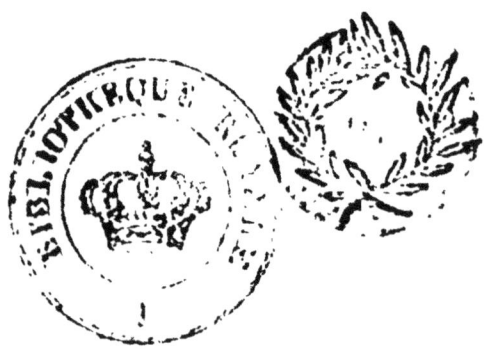

AUX DÉPENS

DE MM. LES COMÉDIENS FRANÇAIS.

1783

AVERTISSEMENT DES EDITEURS.

Quoique nous ne doutions point que la sagacité du Lecteur ne soit suffisante pour démêler l'époque à laquelle cette bagatelle doit sa naissance, nous ne nous croyons point dispensés de le prévenir que la profonde vénération due à tant de titres à Messieurs de la compagnie des Comédiens, a paru à ceux qui sont chargés d'inspecter ces sortes d'Ouvrages, d'une importance bien capable d'empêcher leur accession; en sorte que d'après ce ménagement, aussi louable qu'absolument désintéressé de leur part, il est devenu impossible, au moins selon les moyens reçus, de soumettre aux yeux du Public une question à laquelle on imagine qu'il a le droit de prendre quelque part.

D'ailleurs, comme les petites objections qu'on s'est cru fondé à faire au Sénat Tragico-comique, n'empêche pas qu'on n'ait eu la plus grande confiance à leurs promesses ultérieures & qu'on a observé que vers le milieu de l'année dernière ils ont consigné, on ne sait plus précisément dans quel folliculaire, une espèce de promesse d'émander & corriger les changemens dont le Public avait à se plaindre, & une annonce pour Pâques dernier d'améliorations auxquelles ce même Public gagneroit beaucoup, nous avons attendu patiemment l'effet de ces préliminaires ; mais convaincus depuis la rentrée, après l'examen le plus profond & le calcul le plus sûr, que personne ne gagnait à cette opération, excepté toutefois les Peintres-barbouilleurs, nous avons cru qu'on pouvait lier la contestation & mettre ce petit Procès sur le bureau, rassurés par la tranquillité de notre conscience, & ne nous croyant point en cette occasion coupables du crime énorme de lèze-comédie.

MM. les Comédiens Italiens ayant pris un parti différent, & se contentant modestement de quatre sols pour livre, chose qui excède tant soit peu l'intérêt du Mont-de-piété, mais qui n'est pas cependant absolument hors d'usage, ils ne doivent point être intimés dans la Cause, & on ne fait mention d'eux ici que pour se féliciter de leur modération & les exhorter pour l'avenir à n'imiter que de très-loin leurs modèles & leurs aînés.

LETTRE

SUR L'ÉTAT ACTUEL

DU THÉATRE FRANÇAIS.

Vous m'imposez un fardeau plus pénible que vous ne le croyez peut-être, Monsieur, en exigeant de mon amitié que je vous rende compte du point précis où se trouve aujourd'hui la Scêne Française, & des mutations qu'elle a éprouvées depuis que vous avez cessé de la fréquenter : cette partie sublime de la Littérature, cet art enchanteur dans lequel tous les étrangers nous accordent ouvertement la prééminence, & qui, a étendu ses progrès dans les principales Cours de l'Europe, est devenu plus que jamais un objet d'attention & de critique, & par conséquent d'une plus dangereuse discussion. D'ailleurs, que d'avis particuliers à fronder sans les connaître ! que de jugemens incompétens à réformer ! & dès-lors quelle criaillerie, quel ameutement que ne suis-je pas obligé d'affronter pour vous plaire & vous tracer une faible exquisse du coup d'œil fous lequel j'aperçois le Théâtre, où chacun croit fa manière de voir bien supérieure à celle de fon voifin ! Car, vous ne l'ignorez pas, Monfieur, chacun croit acheter des provifions à la porte, & fe pourvoir pour fon argent d'un office de juge. L'homme de Cour, ambitieux, galant & diffipé, le Financier enivré de calculs & de luxe, le Robin occupé des affaires d'autrui & bien plus de lui-même, le Bourgeois rétréci par fon éducation & par fon commerce, l'Artifan dont le mouvement des mains eft quelquefois la feule indication d'humanité, l'Écolier hériffé des notions pédantefques & dépourvues de cette fûreté de goût que donne une longue expérience, tout le monde juge enfin, tout le monde s'écrie intrépidement: *cela eft lumineux, divin; cela eft mauvais, déteftable, j'en juge légitimement, car j'ai payé pour prononcer & je prononce: donc cela eft.* L'homme fenfé rit à part foi de cette impertinente conféquence; mais le nombre l'emporte; toutes ces abfurdités réunies forment une fenfation bruyante & redoutable; l'ouvrage eftimable eft quelquefois étouffé fans recour; la caricature la plus triviale, la perfonnalité la plus puniſſable ſont ſouvent élevées aux nues.

Par quel étrange abus de notre raiſon & de notre intelligence nous efforçons-nous toujours en ſens contraire à nos plaiſirs ? pourquoi ne pas s'en rapporter un peu davantage à ceux qui, avec une doſe d'eſprit égale à la nôtre, ont par-deſſus nous, eu égard à cet objet, l'avantage que donne inconteſtablement l'habitude la plus journalière, l'étude la plus opiniâtre, & la pourſuite du Théâtre, ſi j'oſe me ſervir de ce terme, la moins interrompue. Mais, me répondra-t-on, ſans doute, chacun peut juger par ſentiment, par l'effet que telle ſituation théâtrale fait ſur lui, & le vrai beau force l'intérêt & l'hommage des ames les moins ſenſibles & des eſprits les moins ornés : oh ! combien de fois, Monſieur, a-t-on cru nous repouſſer vous & moi par cette miſérable objection ? combien de fois avons-nous entendu de ces prétendus gens à ſentiment, dont toutes les réflexions ſur cet art ſublime & ſur les ouvrages qui en émanent n'étoient autre choſe qu'un amas de bévues, de choſes mal ſenties ou fauſſement apliquées, en un mot, le procès fait à la raison humaine ? combien de ces Messieurs ne pourroit-on pas renvoyer à l'épigrame du célèbre Rousseau, où il introduit ce financier à sentiment qui, achevant sa digestion à l'orchestre, pleure à chaudes larmes Holopherne, si méchamment mis à mort par Judith ? Et c'est cependant ce sentiment à l'envers, ce contre-sens absolu du goût & de la connaissance sûre du vrai beau, qui entraîne souvent les chutes ou les succès éphémères dont retentit aujourd'hui la Scène Françaife; mais enfin on croit avoir remédié à tous ces abus, & l'usage nouveau du parterre assis semble annoncer une suspension d'armes entre ces juges redoutables & les Auteurs ou Acteurs qui font des tours de force devant eux; mais ne pourroit-on pas aussi assimiler ce remède à ceux qu'employent certains oculistes, qui, pour soulager ou entretenir une vue faible, se servent de certains topiques qui finissent par rendre entièrement aveugles ceux à qui ils ont promis de leur faire voir plus clair?

Il est hors de doute que ceux qui ont imaginé cet expédient ont cru bien faire ; il est tout aussi vraisemblable que les athlètes de toute espèce qui s'exeriment devant ce pauvre Public, ne lui font payer sa place plus cher que pour avoir meilleur marché de son jugement; car ces Messieurs, tant Compositeurs qu'Exécuteurs, ne sont pas à savoir, quoiqu'ils n'en aient pas l'air, que c'est à ces mêmes places assises que les Théâtres des Boulevards doivent leurs brillans succès, que les *Janxots*, les *Battus qui payent l'amende*, les *Jeromes* & les *Bonifaces Pointus*, &c. dont on ne compte les représentations que par centaines, n'en auraient pas soutenu une seule devant un paterre debout; ils n'ignorent pas qu'un sot assis n'est pas moins un sot que s'il étoit debout, mais il est moins remuant, moins échauffé; & voilà comme ils le veulent: grands yeux ouverts, bouche béante, bien apathique, ronflant même comme à l'audience ou au sermon, car c'est-là ce qu'ils appellent la tranquillité publique.

Mais ces mêmes gens, peu versés dans l'art du Théâtre & qui certainement composent le plus grand nombre, lorsqu'ils étaient debout, pouvaient rencontrer au milieu d'eux un homme éclairé qui, les guidant dans une carrière inconnue, développait peu-à-peu leur jugement, &, avec l'aide du temps & de l'expérience, ils acquéraient un tact assez juste pour devenir eux-mêmes des juges compétens. Tel était l'avantage qui résultait pour eux de pouvoir se rallier auprès d'un homme de cette espèce & de fuir ces bavards bruyans dont toute assemblée publique fourmille, & cela, par la seule commodité de pouvoir changer de place : or, c'est ce qui ne peut plus arriver aujourd'hui, où le Public, distribué par files & rangé comme dans des stalles, n'a plus aucune faculté communicative, ne peut plus se nourrir de ses réflexions, & où le mouvement même le plus involontaire est aperçu & remarqué : de sorte que si un particulier s'avisait d'éternuer d'une façon un peu trop distincte, il pourrait être regardé sous le nez de fort loin, on ne perdrait point son nez de vue ; & si par respect pour le lieu, on ne venait pas le prendre par le nez à sa place pour le mettre dehors, au moins est-il sûr que ce même nez serait en sortant arrêté au passage & mis en lieu de sûreté, pour lui apprendre à être si sonore.

Or, il est question de savoir si cette

commodité prétendue de places assises qui ne sont autre chose que des entraves déguisées, est préférable à l'ancien usage, où le spectateur, toujours en haleine & l'esprit tendu par l'attitude même de son corps, réunissait tous les rayons divergens de sa vue & toutes les facultés de son intelligence sur l'objet qu'on lui présentait pour captiver son suffrage ; saisissait avec activité & récompensait sur le champ ce qui paraissait le mériter, & repoussait avec la même chaleur ce qui lui en paraissait indigne, sans être ni refroidi ni distrait par l'espèce d'indifférence & d'inertie même que communiquent à la longue les places trop commodes, dans quelque assemblée publique que ce soit

Et qu'on ne croie pas que ce que j'avance ici soit simplement un jeu de mon imagination, ou un de ces sophismes aisés à détruire, car je proteste qu'après trente ans d'expérience de Théâtre, je ne pourrais pas citer une seule occasion où j'aie vu sortir un jugement des loges, de l'orchestre & de l'amphithéâtre, qui ait fait le sort d'une pièce ou d'un Acteur ; j'ai toujours vu cette partie des Spectateurs dans laquelle il peut y avoir autant d'esprit

& de connoissances qu'ailleurs, mais qui, livrés à d'autres objets, sont bien éloignés de regarder le Théâtre comme une affaire d'importance première; je les ai toujours vu, dis-je, opiner du bonnet d'après ce même Parterre, louer ce qu'il aplaudissait, blâmer ce qu'il sifflait, finir par se précipiter dans leur voiture, après avoir prodigué sur l'escalier à voix haute quelques-uns de ces mots techniques qui composent toute l'*infarinature* du jour, & qui ne signifient rien ni en louange ni en blâme; je les avais vu pendant la pièce regarder le Parterre en pitié, parce qu'il étoit debout, mais observer d'un coup d'œil détourné ses différentes dispositions, pour modeler là-dessus leur physionomie, & marquer tout haut leur satisfaction ou leur mécontentement; mais dans les deux cas opposés faisant toujours l'arrière-garde.

Mais, reprendront les Athletes composans & exécutans, c'est précisément ce que nous voulons éviter que ce jugement soudain & souvent irréfragable, & nous n'asséyons pas ces Messieurs pour leur commodité, mais par le double avantage qui en résulte pour nous, c'est-à-dire, premierement l'augmentation des prix, ce qui suppose celle de la chambrée, & en raison nécessaire, celle de notre partage respectif; & en outre, nous détruisons par cet alignement de places, froid & compassé, ces *Clobers* de Littérature, ces cercles redoutables dans lesquels nous étions souvent trop épluchés, où plusieurs particuliers éclairés, se communiquant leurs remarques, parvenaient souvent à produire contre nous un corps de preuves contre lesquelles il étoit difficile de se pourvoir, parce que la premiere illusion une fois détruite, si nous nous obstinions à en appeler, nous n'obtenions tout au plus qu'un plus amplement informé factice qui nous traînait encore pendant quelques représentations, & finissait par ne pas mettre d'autre différence dans notre sort, que celle qu'il y a d'une mort lente à une mort subite ; au lieu que par la mutation judicieuse que nous venons de faire, nous les tenons bien assis, bien alignés, bien séparés, bien stagnans, bien hors d'état de se parler, ou bien aisés à remarquer s'ils se parlent, & par-là nous nous sommes procurés la facilité de mettre au jour, sans aucune espece de risque, des ouvrages & des talens de toute espece ; nous ferons écoutés paisiblement ; pas le moindre bruit, pas le moindre jugement, à moins que ce ne soit *à laudativo*; les gueux à vingt sols ne viendront plus ; les gens à quarante-huit sont bien mieux vêtus , & par conséquent plus instruits; ils s'en iront toujours très-contens de nous , si leurs banquettes sont bien rembourrées : ils répandront dans le monde qu'on est assis très-commodément ; ils n'iront pas s'amuser à dépecer nos talens ni nos pieces. Le premier article paraîtra le plus essentiel : les Sybarites subalternes viendront en foule ; cela remplira nos escarcelles, dont le gonflement est encore plus intéressant pour nous que celui de notre vanité. Pouvions-nous jamais imaginer rien de plus sublime!

Et comptez-vous pour rien, s'écriera un de Messieurs les intéressés, l'extinction entiere de la cabale, comme l'a si judicieusement remarqué le charmant Auteur de la délicieuse piece à Tiroirs par laquelle nous avons ouvert notre Théâtre? car enfin, c'étoit-là ce qui étouffait le talent; & lui-même, plus que qui que ce soit, avait été dans le cas de l'éprouver plus d'une fois: nous n'aurons plus de ces gens malheureusement trop délicats

& trop difficiles à satisfaire, qui portaient sur nous & sur nos ouvrages un jour qu'on disait utile au Public, mais trop fatal pour notre reputation & pour notre caisse ; en un mot, nous serons les maîtres chez nous, & le Public sera obligé de se contenter des mets que nous voudrons lui servir. Il est vrai que nous avons pris la précaution dans cette piece sublime, après nous être félicités, ainsi que les assistans, d'une aussi heureuse amélioration, d'annoncer que nous ne donnerions que du bon, que le regne du bon était arrivé, témoin ce qu'on leur présentait dans le moment, où, dans une allégorie on ne peut pas plus ingénieuse, on leur donnait, comme une chose nouvelle dont on n'avait à se plaindre que depuis quelques années, une vieille querelle entre les Auteurs, les Comédiens & le Public, qui a immortalisé le nom de *cabale* depuis plus d'un siecle.

Et effectivement, Monsieur, vous vous souvenez, ainsi que moi & beaucoup d'autres, que pendant notre jeunesse nous entendions parler à nos anciens, des plaintes perpétuelles de cabale que les Auteurs & Acteurs portaient respectivement les uns contre les autres ; c'était des Prologues entiers, quelquefois même des Pièces en un acte, dont toute l'allégorie ne roulait que sur la cabale personnifiée, mais toujours sans application particuliere, parce que toute personnalité doit être bannie d'un Théâtre regardé comme l'école de la bienséance & de l'honnêteté. M. de la Mothe, M. de la Grange & M. de Crébillon se plaignaient des cabales de M. de Voltaire naissant, qui à son tour se plaignait amèrement des entraves qu'on voulait mettre à ses talens : des écrits mordans, des épigrammes plus sanglantes encore signalaient l'effervescence des parties opposées, sans que le gouvernement ait cru devoir jamais intervenir dans ces querelles, parce que les chefs d'accusations ne regardaient que leurs talens réciproques, sans que leurs mœurs ou leur réputation morale en souffrissent le moindre outrage ; & dans la seule occasion où un homme, très-célebre d'ailleurs, s'est écarté de cette regle, il a éprouvé, par un exil long & rigoureux, le châtiment que doit subir une licence aussi coupable dans un état bien policé.

Depuis ce tems, la cabale, ni les plaintes n'ont point cessé ; on lit même dans les
Journaux

Journaux du temps & dans différentes Anecdotes théâtrales, les choses les plus fortes & quelquefois les plus plaisantes à ce sujet: *la Duclos* & *la Desmares* se plaignaient des cabales de *la le Couvreur*, qui à son tour disait que les autres voulaient l'étouffer; *Baron* se plaignait de *Quinault*, *Quinault* se plaignait de *Baron*, *Dufrène* se plaignait de *Grandval*, *Grandval* se plaignait de *Dufrène*; depuis, ce même *Grandval* s'est plaint de *le Kain*, comme *le Kain* s'est plaint de lui, comme *Mademoiselle Dumenil* de *Mademoiselle Clairon*, & *Mademoiselle Clairon* de *Mademoiselle Dumenil*, & comme à peu-près à cette même époque M. *de Voltaire* se plaignait de la faction de M. *de Crébillon*; ainsi que M. *de Crébillon* du parti & des intrigues de M. *de Voltaire*, &c. car je ne finirais point, si je voulais citer tous les co-accusateurs & tous les co-accusés; ils s'imputaient tous, Auteurs & Acteurs, de mettre des billets au Parterre pour se nuire réciproquement, peut-être avaient-ils tous raison, car cet usage paraît aussi ancien que le Théâtre, du moins était-il déjà très-connu du temps de Racine & de Pradon; mais qu'est-il résulté à la longue de ces plaintes si amères contre la cabale ? Le jugement du Public, avec le temps, a forti son plein & entier effet; les bons ouvrages & les Acteurs ont survécu à toutes ces persécutions du moment, & ont été placés à leur véritable rang dans l'estime & dans le souvenir des gens équitables & éclairés; on a oublié toutes ces disputes éphémères, pour ne s'occuper que de ce qui mérite d'être conservé.

Et qu'il me soit permis d'interpeler ici, non pas les Auteurs, car je sai trop que c'est assez leur usage de ne trouver rien de préférable à ce qui sort de leur plume, mais les Acteurs qui ne connaissent d'intérêt que celui de l'argent, & de preuve, comme ils le disent eux-mêmes, que leur Caisse ; je voudrais bien, dis-je, qu'ils me citassent, dans tout leur répertoire, une pièce que cette même cabale, contre laquelle ils s'exclament si fort, les ait forcé de conserver & de jouer malgré eux, & qui ne leur donne point d'argent ; je voudrais bien qu'ils me citassent dans quelle occasion précise ces prétendus chefs qui conduisaient, selon eux, le Public à leur gré, ont exercé contre eux une semblable violence; quand ils les ont forcé, applaudissemens sur la gorge, de rejouer une pièce qui ne méritait que des huées, & qu'ils ont donné, par ce pouvoir qu'ils leur attribuaient, une sanction factice à ce même ouvrage, & qui aujourd'hui fait ce qu'ils appellent *four* toutes les fois qu'ils osent le présenter au Public; & qu'ils citent au contraire un ouvrage de conséquence, un ouvrage reconnu pour mériter le suffrage du Public, celui de l'Auteur toutefois excepté & pour cause, qui ait été étouffé par cette même cabale contre laquelle ils faisaient de si grandes doléances, lorsqu'au contraire on peut leur reprocher, & à plus juste titre, d'avoir anéanti, dans sa nouveauté, *Pierre-le-Cruel* par les intrigues du sieur le Kain qui ne pouvait pardonner à l'Auteur de lui avoir refusé de dépouiller le sieur Molé du rôle d'Harcourt pour lui faire prendre celui d'Édouard dans le siége de Calais, que lui le Kain avait choisi lui-même dans la nouveauté de la piéce, & en outre pour plaire à M. de Voltaire son patron, qui, comme l'on sait, a traité le sujet de Pierre-le-Cruel à l'envers.

Soyons vrais en attendant qu'ils le soient; il n'y a point de cabale plus à craindre que la leur, parce que, comme on dit en stile familier, ils tiennent la queue de la poële, & il y a telles gens dans le monde qui, s'ils étaient capables de leur préfenter le Mifantrope ou Mérope, ou fe verraient refufés, ou, ce qui eft pis encore, fe verraient joués de maniere que le Public ne ferait pas tenté d'y revenir une feconde fois; cependant : à la longue, ce même Public ne perd jamais fes droits, Pierre-le-Cruel a été exhumé avec honneur quelques annés après par la Troupe de Verfailles, jouée avec applaudiffement à plufieurs reprifes, honorée de la préfence de la Famille Royale & du fuffrage de tous les Gens de Lettres équitables; cependant cela n'a pas encore fuffi pour les faire revenir à cet égard, & il a fallu que le defir général fût fecondé par la mort de l'Acteur & de fon Patron, pour les faire réfoudre à rendre au Public un ouvrage eftimable à bien des titres, d'un homme à qui il doivent de la reconnaiffance, & qu'on n'aurait jamais joué dans la Capitale, fans le concours de toutes ces circonftances réunies.

Voilà ce qui s'appelle une citation précife & bien autrement péremptoire que toutes ces criailleries perpétuelles, ces allégations dépourvues de preuves par lesquelles ils se flattent de donner une existence réelle à ce phantôme de cabale qui ne sera jamais qu'un mot vague & sans signification aux yeux des gens sensés; & c'est pourtant ce même Parterre debout pour lequel ils affichent ajourd'hui tant de mépris, qui a formé, de leur propre aveu, les *Baron*, les *Quinault*, les *Dufrène*, les *Lecouvreur*, les *Sarrazins*, &c. C'était du milieu de ce tumulte & de ce vacarme dont ils se plaignent tant aujourd'hui, que sortaient d'excellentes remarques, des critiques salutaires, parce qu'elles étaient dépouillées de personnalités, dont les Auteurs & Acteurs pouvaient faire leur profit sans honte, parce que c'était toujours *opus & non hominem* qu'on avait en vue; qu'un Acteur n'était pas un homme vicieux parce qu'il était Comédien médiocre, & qu'un Auteur n'était pas un homme à éviter, parce qu'il avait fait une mauvaise piece. Ce mélange coupable des défauts de l'homme & de ceux de l'ouvrage, cet abus très-répréhensible de l'exposition insidieuse & souvent fausse des premiers, pour faire ressortir avec plus d'avantage les traits qu'on lance sur les autres, doit sa naissance à ce siecle, & l'Abbé des Fontaines est le premier qui ait mis en œuvre cette odieuse ressource. Ce sont ces diatribes sanglantes & pleines de fiel, qu'on décore du nom de *Journaux* qui sont véritablement funestes aux talens de toute espece & qui mériteraient l'animadversasion du Gouvernement, parce que non-seulement elles inondent la Capitale & prononcent un jugement provisoire dont beaucoup de gens n'ont pas le loisir d'appeler, mais encore trompent les provinces & les pays étrangers, par l'exposé captieux & souvent infidele d'un ouvrage qu'ils veulent établir ou dénigrer ; & voilà ce qui s'appelle la vraie cabale, voilà l'objet légitime des plaintes & des réclamations de tous ceux qui se soumettent au jugement du Public, parce que c'est lui seul qui a le droit de juger ce qu'on soumet publiquement à son oreille & à ses regards, & non tel ou tel particulier qui, sans mission prouvée, & simplement parce qu'il a obtenu la permission d'écrire tous les jours ou toutes les semaines, s'arroge celle de donner des conclusions noires ou rouges sur tout ce qui paraît, & de juger ainsi des arts, des talens & des productions de toute espece; & au contraire, quel tort réel pouvait leur faire le plus acrédité, je le suppose, de tous ces chefs? Pendant qu'il louait ou blâmait d'un côté, on faisait le contraire de l'autre, parce qu'encore une fois, vingt sols donnaient des provisions de juge à tout le monde; que c'est une absurdité de la premiere classe que d'avancer que tel ou tel gouverne le Public, parce que ce même Public est amovible chaque jour, & qu'en fait de choses de goût & d'opinion, il est incommensurable; que ces gens-là n'écrivaient contre personne; qu'ils jugeaient tout simplement bien ou mal, parce qu'il n'y a point d'inquisition qui interdise le jugement dans ces sortes de matieres, mais que comme *verba volant* & qu'il ne restait aucune trace visible de leur décision, cela ne faisait pas plus d'effet & ne durait pas pendant plus de temps que ne devraient durer les plaintes des Auteurs ou Acteurs malheureux qui, comme les plaideurs qui perdent leur procès, ont vingt-quatre heures pour dire du mal de leurs juges.

Et voilà portant dans la vérité la plus exacte & sans aucune espece de sophisme, à quoi se réduisent les clameurs & les griefs prétendus de tous ces généreux Athletes : voilà *le produit net* & l'avantage ineſtimable qu'ils diſent retirer du changement des places & des prix ; mais le Public ne ferait-il pas à ſon tour en droit de leur faire une petite queſtion ? quand je dis le Public, c'eſt que je regarde comme tel un particulier en redingotte tout comme un particulier brodé que ſi on fouillait ce même particulier en redingotte, on y trouverait ſouvent Corneille, Racine, Voltaire & Moliere, preuve ſenſible des alimens dont il ſe nourrit, & que je ne ſais pas trop ce qu'on trouverait dans les poches brodées qui pût leur être comparé : beaucoup plus d'argent, s'écrieront à l'envie les Intimés & c'eſt ce que nous demandons ; nous nous embarraſſons bien de ces gens qui ſavent toutes les pieces par cœur, qui remarquent un faux vers, un *cuir* ou autre inadvertance ſemblable qui peut nous échapper, devant qui nous ne pouvons pas tronquer la moitié d'un rôle, enjamber quelquefois d'une ſcene ou d'un couplet à l'autre, quand l'infidélité de notre mémoire ou nos fatigues de toute eſpece nous obligent de le raccourcir : ces redingottes maudites ſortaient en citant tout haut nos bévues ou nos malices, récitaient, sans manquer une syllabe, les vers que nous avions retranchés ou estropiés ; on les écoutait, on les remerciait d'avoir restitué tel cu tel passage, & tout cela à notre confusion : or, voilà ce que nous n'avons plus à craindre, les honnêtes gens, c'est-à-dire, les gens assis, sont trop réservés & trop indifférens sur ces sortes de choses pour se compromettre, ainsi que nous, jusqu'à ce point

Mais revenons à la question que cette espece de Public dont je parle serait en droit de faire, & à laquelle je ne vois pas trop de réponse : n'êtes-vous pas, Messieurs, diraient-ils, une société d'Entrepreneurs qui, le siecle dernier, vous êtes retirés par-devant le Seigneur Roi à l'effet d'obtenir des Lettres patentes de Sa Majesté qui vous autorisassent *à amuser le Public à vos risques, périls & fortune ?* Or, qu'entendez-vous par ces paroles sur lesquelles est fondé votre établissement ? Ce n'est certainement pas votre vie, que personne n'a envie d'attaquer, qui est en risque ou en péril ; ce n'est pas votre bien propre ni patrimonial que vous pouvez entendre, non plus par le mot de *fortune*, parce qu'il est de notoriété publique que quand vous prenez ce parti, vous n'êtes tous rien moins que fortunés ; il faut donc chercher un autre sens à ces paroles, & je crois que le voici à peu-près: on a entendu par les mots de *risques*, *périls & fortune*, le *risque* que vous vous soumettez à courir en manquant de plaire au Public, le *péril* où vous seriez sans cesse de laisser paraître de mauvais Acteurs & de mauvaises pieces après en avoir jugé en comité tout autrement, & la diminution de votre *fortune à venir* en raison de toutes ces bévues; mais vos prix furent fixés en même temps, & si la rétribution pour les pauvres vous a fourni le prétexte de mettre le Parterre à vingt sous au lieu de quinze où il étoit au siécle dernier, comme l'attestent ces vers qui marquent si bien la liberté dont on jouissait alors & la juste dépendance du Public dont vos Devanciers n'appelaient point:

Un Clerc, pour quinze sous, sans craindre le hola,
Peut du fond du Parterre insulter Attila ;
Et si ce Roi des Huns ne flatte son oreille,
Traiter en Visigots tous les vers de Corneille.

Si, dis-je, on vous permit de hausser vos

prix, ce ne fut qu'intermittemment, & il n'y a pas encore très-long-temps que le tiercement ne vous était permis qu'à la premiere & ensuite aux trois premieres représentations des nouveautés ; quant au Parterre, il fut laissé à vingt sous, mais avec la condition de ne jamais l'augmenter, malgré la petite gentillesse de certains anciens Comédiens qui proposaient de le mettre à vingt-quatre sous, & cela encore pour la commodité du Public, & uniquement pour qu'il fût servi plus promptement, en ce qu'il n'y aurait point de monnoie à lui rendre ; mais quelque utile que fût ce expédient, il n'a jamais pu passer.

Et que dirons-nous de ces petites loges que vous venez de porter à deux cent soixante mille livres de rente à votre nouvelle Salle, ce qui est visiblement pris sur le Public, & dont vous avez voulu frustrer les Gens de Lettres qui vous font vivre, qui en outre ne sert qu'à fomenter l'inertie de ceux d'entre vous qui ne travaillent que pour de l'argent, parce que, sûrs de partager dix mille livres par an, sans fatiguer leur mémoire, ils aiment mieux négliger la satisfaction du Public & celle des Auteurs, que de se donner la peine d'apprendre, lorsque, sans cela, ils peuvent vivre plus commodément (comme l'a remarqué judicieusement un d'eux) qu'un Gentilhomme qui aurait vingt mille livres de rente? mais vos Devanciers ne connaissaient point cette ressource inestimable, leurs talens supérieurs leur servaient en partie de récompense, & ils vivaient très-honnêtement & très-considérés avec le quart de ce que vous avez aujourd'hui.

Mais, répondrez-vous, nous faisons plus de dépense qu'on n'en faisait alors, nos habits sont plus riches, plus nombreux; d'ailleurs, le costume, le luxe du siecle nous assujettit à plus de variété, à plus d'élégance; nous ne pouvons presque plus aller à pied, cela est devenu indécent, on nous prendrait pour des Acteurs des Boulevards. A cela je réponds que, dans tout ce qu'on m'a dit dans ma jeunesse des *Baron*, des *Dufrène*, des *Lecouvreur*, &c. on m'a toujours parlé de leurs talens avec vénération, mais on ne m'a jamais dit un mot de leur garderobe, ni de leur voiture.

Et croyez-vous en outre que, pour augmenter encore votre produit, dont votre avidité ne devrait être que trop satisfaite, il soit très-honnête & très-juste à vous autres d'avoir écarté, comme vous le dites à qui veut l'entendre, de votre Spectacle cette classe de Citoyens dont vous parlez avec tant de mépris, & cela sous le vain prétexte de ce mot vieux & usé de cabale, dont je vous ai plus haut démontré la futilité ? Il faudra donc qu'un très-grand nombre de jeunes gens bien nés, mais dont les morceaux sont comptés par des parens économes, que ces mêmes parens envoient à Paris passer quelques années, pour y étudier, en Droit, en Médecine ou autre art quelconque, & y perfectionner leur éducation par les secours dont les provinces sont trop souvent dépourvues; il faudra donc, dis-je, que cette portion de jeunesse soit privée de voir la Comédie, si son goût l'y entraîne, parce que Messieurs les Comédiens ont jugé à propos de prendre les deux tiers en sus, & que ce monopole absorbe, en une seule fois, ce qui pouvait presque leur procurer trois soirées utiles & agréables, & que cette impossibilité amenant bientôt le dégoût & un autre genre de dissipation, ils se livrent à tous les excès dont le Spectacle était fait pour les garantir, parce que leurs places légitimes ont été mises à la folle enchère. Vous imaginez-vous n'être pas comptables en quelque maniere de tous les désordres où ils se livreront, & que des parens, tranquilles sur le sort de leurs enfans, les sachant au Spectacle, & pouvant les y maintenir selon leurs facultés, comme dans l'endroit le plus propre à former leur esprit & leur cœur & à les éloigner des grands vices, ne vous maudiront pas vous & votre caisse, lorsqu'ils verront ces mêmes enfans plongés dans les égaremens les plus dangereux, & cela, parce qu'ils n'auront plus le moyen de graisser votre marteau?

Mais, répondrez-vous encore, car rien de si opiniâtre que quiconque défend une mauvaise cause, ce sont ces mêmes jeunes gens qui troublaient notre Spectacle & dont la foule trop abondante causait le vacarme dont nous nous plaignions; comment faire pour les écarter? il a fallu les prendre par la bourse, & c'est ce que nous avons fait. A cela je replique qu'au lieu de ce moyen torsionnaire & odieux, il fallait en employer de plus raisonnables, de plus modérés & tout au moins aussi sûrs: il fallait commencer par éteindre cette sous-ferme ou contribution infâme que de vils mercenaires exerçaient à votre porte, qui a toujours échappé aux recherches des Magistrats les plus vigilans, qui a été pour eux sans cesse une énigme impénétrable qui se renouvelle tous les jours sous leurs yeux, & dont certainement vous seuls pouvez dire le mot ; alors le Parterre fixé à un nombre connu & raisonnable, ne se verra plus étouffé par une foule de billets de contrebande que vos Buralistes n'ont point distribués, mais qui n'en entrent pas moins, au moyen d'une rançon exorbitante qu'on tire du Public : & voilà ce qui cause l'humeur dont vous vous plaignez, & les mouvemens convulsifs qui agitaient le Parterre debout ; les Spectateurs étaient moulus par votre faute, & vous les traitiez de cabaleurs, lorsqu'ils ne demandaient tout simplement que la faculté de pouvoir respirer.

Mais il y avait encore un plus beau trait à faire, & qui certainement vous aurait attiré tous les suffrages : c'était d'asseoir ce même Parterre sans augmenter les prix : alors les Spectateurs de toutes classes, tranquilles comme vous les voulez, & sensibles à cette attention de votre part, se seraient portés d'eux-mêmes à cette modération que vous desirez, & vous auriez sous main frappé le même coup contre cette prétendue cabale, & cela avec l'air du bon procédé; dites plutôt que votre cupidité n'y aurait plus trouvé son compte, vu qu'il est démontré que pour environ cent places à vingt sous que vous perdez, vous gagnez évidemment plus de cent écus par jour, par les deux tiers presque en sus où vous les avez portées; mais enfin, qu'avez-vous besoin de les gagner ces cent écus sur-tout lorsque l'agrandissement de votre Salle & la somme exorbitante où montent vos petites loges, devaient vous faire regarder ce petit objet comme indigne d'entrer en ligne de compte dans une ferme aussi considérable que la vôtre? On sait encore qu'il y en a parmi vous, dont les principes de droiture & de désintéressement influent même sur la manière dont le Public accueille leurs talens, qui ont été de cet avis, qu'ils l'ont dit tout haut dans le monde; mais, quoiqu'ils paraissent avoir voix délibérative ce ne sont pas eux qui sont les pilotes, & leur dire n'a pas prépondéré plus que le mien ne le fera; mais convenez au moins que vous avez manqué là une belle occasion de vous faire beaucoup valoir à peu de frais, car le Public, qui ne s'arrête qu'à la surface des effets dont il n'a pas intérêt de rechercher les causes,

vous

vous aurait comblé d'éloges & aurait cru ne devoir qu'à votre générosité & à votre desir de lui plaire ce dont il n'aurait été redevable, dans le fond, qu'à votre politique & à vos craintes perpétuelles, bien ou mal fondées, de la prétendue cabale.

Voilà, Monsieur quelques-unes des objections que nous sommes en droit de faire à ces Messieurs, malgré la retraite & l'absence du Théâtre où nous nous sommes condamnés depuis quelques années; & cela, parce qu'ils sont eux-mêmes gens publics; qu'ils ne gagnent pas vingt-cinq mille livres de rente aux dépens de la Nation, avec la clause de ne pouvoir être critiqués ni repris, & que sauf leurs mœurs, qu'il n'est pas plus permis d'attaquer dans un état bien policé, que celles de tout citoyen vivant, ce même Public a le droit de trouver à redire à leurs actions, toutes les fois qu'il a, de fait, quelque part à y prendre; que ce n'est point manquer de respect au Roi ni au Gouvernement que de montrer l'abus d'un changement dont eux-mêmes ont la mal-adresse de déclarer le frivole motif, que de faire voir qu'ils ont trompé ceux dont ils dépendent, par l'exposé insidieux de craintes imaginaires, lorsqu'au fond ce n'était de leur part qu'une opération de finance, & qu'ils leur en ont imposé avec d'autant plus de facilité, que les grands Seigneurs qui ont la tête trop remplie d'objets plus importans pour pouvoir attacher une grande idée à celui dont est question, avec tout l'esprit, tout le jugement & toutes les lumières possibles, finissent par accéder à ce qu'ils leur demandent pour se débarrasser de leur bourdonnement & de leurs comités tumultueux.

Ainsi, voilà ces Messieurs bien contens; beaucoup moins de plaidoiries avec le Public & beaucoup plus d'épices qui rentrent dans leur caisse; beaucoup moins d'arrêts définitifs & beaucoup plus de causes gagnées, car voilà (au vrai) leur dire de société & leur objet essentiel; ainsi désormais on ne donnera plus au Public que de la bonne marchandise, si on en juge par la cherté, & si on s'en rapporte aux promesses infaillibles & à l'engagement si ingénieusement pris avec lui dans la très-spirituelle pièce à tiroirs par laquelle ils ont ouvert leur nouveau Comptoir, mais sur-tout dans ce rôle sublime joué d'une manière si distinguée par cet Acteur inimitable qui s'approprie les singeries à un point, qu'il ne paraît copier personne, & que *Janot*, quoique dans le même genre, ne pourrait guère lui être comparé ; son talent m'arrache cet éloge, malgré l'injustice de ses ennemis qui prétendent que *Janot* est foncièrement plus Comédien que lui, & que les deux Théâtres sur lesquels ils s'exercent à l'envi, devraient, pour leur utilité respective, faire un troc de l'un contre l'autre.

Et voilà, Monsieur, un échantillon de ce que le Public assis & bien tranquille peut se promettre du redoublement d'efforts de ces généreux Athlètes, dont une partie peut être appelée à juste titre la *monnoie* des grands Hommes en ce genre qui les ont devancé ; or, en désignant *Molière*, *Baron* & tels autres grands Comédiens sous l'emblême, par exemple, d'un écu de six francs, n'est-il pas de toute certitude & de toute notoriété, que si quelqu'un d'entr'eux, dans le change de la grosse pièce, pouvait être employé pour un écu de trois livres, ou au moins pour moitié, il y en aurait aussi quelques autres qui ne passeroient que pour un gros sol ? mais l.

C ij

Public devrait au moins avoir le droit, quand on lui donne la monnoie de sa grosse pièce, d'examiner si on ne lui en donne point de mauvaise en échange ; si elles auront cours ; si elles sont de poids & frappées au bon coin ; si les ouvrages qu'on soumet à son jugement & qui, sans offenser leurs Auteurs, peuvent être regardés de même comme la monnoie de Corneille, de Molière & de Racine, sont recevables comme telles, & pour quel prix elles peuvent entrer dans le change de Rodogune, du Misantrope ou d'Athalie ; si ceux du public qui sont trop près regardans, & qui, comme dans une boutique, tournent & retournent plusieurs fois une pièce avant de la recevoir, comme le Marchand a la même liberté, & comme à la porte de la Comédie le Buraliste peut examiner & refuser un écu faux ; si, dis-je, ces gens difficultueux sont regardés comme cabaleurs, qu'ils suivent mon exemple, qu'ils demeurent dans leur cabinet à relire les pièces dont ils sont en possession & dont ils connaissent la valeur réelle, sans s'exposer à aller à un marché où ils peuvent être trompés tous les jours, injuriés & pris en partie, lors même qu'ils ont dédaigné de se plaindre.

Et malgré ce conseil très-utile que j'ai pris pour moi-même, en me privant, à mon grand détriment, de voir *les Pharamond*, *les Timoleon*, *les Barméide*, *les Jeanne* & nombre d'autres chef-d'œuvres dont la Scène Française a été enrichie depuis que j'ai cessé de la fréquenter; malgré la précaution que j'ai eu d'éviter ce dédale monstrueux d'intrigues & de persécutions, il ne faudrait pas encore se promettre une carrière tranquille & à l'abri des personnalités: ce ne serait point les Auteurs d'Hypermnestre, de Romeo & quelques autres personnes de la même étoffe, qui imagineraient de violer le droit des gens, en interpellant ou désignant tel ou tel particulier retiré & absolument étranger à tout ce qui se passe au Théâtre: on les a toujours vu, au contraire, très-tranquilles sur tout ce qu'on appelle cabale, inacessibles aux frayeurs que les Comédiens cherchaient à leur inspirer, subir avec une noble assurance le jugement de ce Parterre debout & de ces chefs si mal intentionnés & si redoutables, & recueillir par un succès mérité le juste prix de leurs travaux autant que de leur candeur ennemie de toutes sortes d'intrigues; mais ce sera une autre espèce de gens, se prenant à tout du peu de succès de leurs talens ou de leurs ouvrages, & tâchant d'intercepter ou d'effacer le jugement qui en a été porté par des clabauderies, des personnalités qui, portant à faux ou par l'absence des calomnies, ou par la plate caricature des portraits qui ne ressemblent ordinairement qu'à ceux qui les font, deviennent l'horreur & le mépris des honnêtes gens, mais n'en sont pas moins tolérées & moins impunies.

Une prétendue Société de Gens de Lettres fera une pièce dans laquelle, entre un nombre infini de gentillesses, elle introduira un garçon du café de du Buisson, devenu savant à force d'entendre parler Littérature; mais comme cette Société, soit disant, avait apparemment son rendez-vous au Bureau des Facteurs de la petite Poste, rue des quatre vents, pourquoi n'a-t-elle pas plutôt nommé l'ancien café de Mont-mayeur qui était plus voisin, où tous les jours on adressait à la fille de la maison des vers charmans, dont ses parens ont si bien reconnu le prix, qu'ils les lui ont compté dans son trousseau ?

Avouez-le, Monsieur, ce pauvre *Molière*, à qui, comme à *Polichinelle*, on fait dire tout ce qu'on veut, se trouve servi par de singuliers compères ! Et ce qu'ils appellent eux-mêmes leur lutte avec les Théâtres des Boulevards, ne pourra que se décider à leur avantage, à en juger par leur progrès dans la farce & dans les trivelinades, depuis la fameuse inauguration de leur nouvelle Salle.

Somme toute, ils ont commis les premières hostilités, en désignant tel ou tel particulier qui n'avait depuis très-long-temps rien à démêler avec eux; & puisqu'on les tolère, il est clair que tout citoyen attaqué publiquement a le droit d'être défendu de même : c'est la loi du talion dont on usera dans toute son étendue, s'ils y reviennent, en reprenant leur profession en sous-œuvre, s'il le faut, depuis l'époque du concile d'Arles; en attendant, on gardera une neutralité armée.

J'ai l'honneur d'être, Monsieur, &c.

Qui me commovit, melius non tangere, clamo, Flebit, & insignis tota cantabitur urbe. Hor.

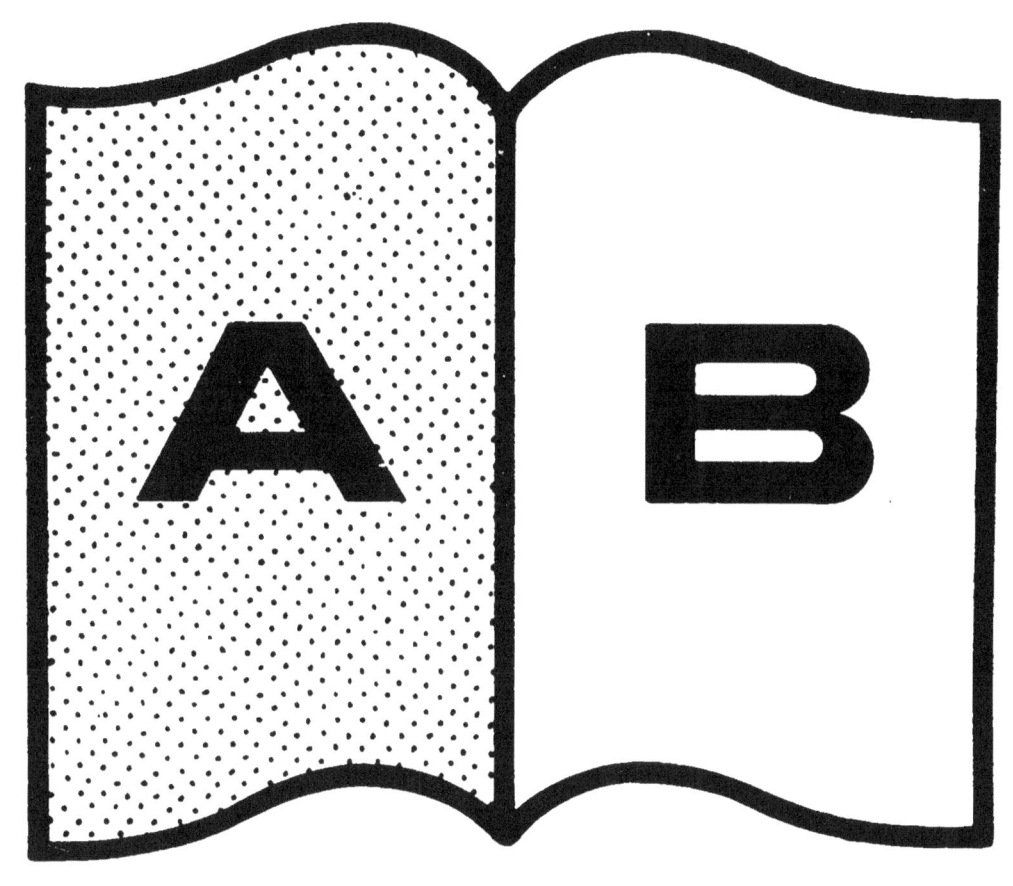

Contraste insuffisant

NF Z 43-120-14

www.ingramcontent.com/pod-product-compliance
Lightning Source LLC
Chambersburg PA
CBHW060459050426
42451CB00009B/731